SOUL OF BERLÍN

GUÍA DE LAS 30 MEJORES EXPERIENCIAS

ESCRITO POR THOMAS JONGLEZ
ILUSTRACIONES DE SIRAI BUCARELLI

EDITORIAL JONGLEZ

Guías de viaje

"LA MAYOR EXTRAVAGANCIA QUE UNO PUEDA IMAGINAR"

DAVID BOWIE

Esta guía es para aquellos que quieren abrir las puertas secretas de Berlín, sentir los latidos de su corazón, escudriñar sus recovecos más pequeños y llegar a su alma.

Han hecho falta tres años de exploraciones para crear esta guía: andando, en bici, en metro, en los museos, clubs nocturnos, bares, restaurantes y kebabs de la ciudad. La pandemia de la COVID-19, naturalmente, no ha facilitado el trabajo. Pero Alemania, a diferencia de otros países vecinos, tuvo la amabilidad de no prohibir nunca que la gente saliera de casa. Entonces, cuando los restaurantes estaban cerrados, salíamos en bici a explorar las zonas rurales más desconocidas o a caminar descubriendo barrios apartados de las rutas turísticas...

Fue un placer indescriptible vivir esos momentos de exploración, hechos de descubrimientos y encuentros inesperados, a la altura del extraordinario carácter ecléctico de la ciudad. Son el resultado de los flechazos que tuve durante esos tres años. Una elección subjetiva, pues, pero una elección basada en las experiencias vividas. Y fueron unas cuantas...

A veces los visitantes me confiesan que no entienden qué tiene de atractivo la ciudad: un clima difícil, gente no siempre muy hospitalaria, una arquitectura a veces desagradable... Yo casi siempre les digo que eso es porque no viven aquí. Efectivamente, cuando llegas a Berlín, si no sabes a dónde ir y te vas andando a la aventura, incluso por los barrios céntricos, acabas rápidamente en zonas de tierra de nadie un poco deprimentes.

Esta guía está hecha para ellos, para que sepan adónde ir y adónde no y aprovechen los pocos días que pasen en esta maravillosa ciudad, y descubran, por ejemplo, que sí, que Berlín tiene unas magníficas playas y espacios de naturaleza impresionantes y desconocidos. Pero esta guía está hecha también, y sobre todo, para los que viven en Berlín: para ayudarles a descubrir o redescubrir esta ciudad única en el mundo.

Gracias, Berlín.

Thomas Jonglez

Tras vivir unos meses en la capital alemana en 1994 y quedar fascinado por el Berlín alternativo tras la caída del Muro, Thomas Jonglez emprendió distintos viajes: 7 meses de mochilero por Latinoamérica, otros 7 viajando de Pekín a París sin subirse a un avión, 6 meses viajando en familia de Venecia a Río de Janeiro cruzando Siberia y el Pacífico, 3 años viviendo en Bruselas, otros 3 en París, 7 años en Venecia y otros 7 en Río de Janeiro...

En 2019, Thomas regresó a su amor de juventud, Berlín, donde vive ahora. Lógicamente, se ha encontrado con una ciudad menos alternativa que la de los años 1990, pero que guarda intactos su encanto y su energía a los que rinde homenaje publicando, entre otros muchos títulos, la guía *Berlín insólita y secreta*.

EN ESTA GUÍA
NO VAS A ENCONTRAR

- El plano del metro
- Los aburridísimos restaurantes con estrellas Michelin
- Cómo comprar una entrada para la ópera
- Las informaciones prácticas para subir a lo alto de la Fernsehturm

EN ESTA GUÍA
VAS A ENCONTRAR

- La discoteca más pequeña del mundo
- Las mejores playas de Berlín
- El paseo en bici más bonito
- Un magnífico *spa* como si estuvieras en Bali
- Un heladero que fabrica sus cucuruchos en directo
- Dónde hacer kayak como en Venecia
- Los mejores sitios para comer a orillas del agua
- Pasar una noche en el taller de un fabricante de colchones

SÍMBOLOS DE
"SOUL OF BERLÍN"

Menos
de 30 €

De
30 a 90 €

Más
de 90 €

100%
Berlín

Los horarios de apertura suelen variar
con frecuencia, consúltalos
en la web del lugar

30 EXPERIENCIAS

EL HELADERO
QUE ELABORA SUS
CUCURUCHOS EN DIRECTO

Famoso en el barrio (las filas son largas a veces en verano), Jones es uno de los fabricantes de helados más populares de Berlín. El mejor, incluso, según algunos. Pero, sobre todo, también tiene la extraordinaria particularidad de hacer él mismo los cucuruchos, en directo, delante de sus clientes. También tiene cucuruchos tradicionales (un poco más baratos), pero sería un lástima no probar la especialidad de la casa...

Pequeño detalle nada desdeñable: Jones también vende excelentes galletas, caseras, por supuesto.

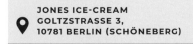

**JONES ICE-CREAM
GOLTZSTRASSE 3,
10781 BERLIN (SCHÖNEBERG)**

| TODOS LOS DÍAS: 12:00 / 19:00 | 041 523 0034 | U7 (Eisenacher Straße) |

EL PASEO
DE LA GENTE FELIZ

El suroeste de Berlín es un verdadero paraíso natural: aunque el magnífico paseo en bici bordeando el Wannsee (ver p. 44) también se puede hacer andando, las orillas de los lagos del Schlachtensee, del Krumme Lanke y del Grunewaldsee son también una oportunidad para pasar un maravilloso día... o incluso más, según el ritmo de marcha.

Al norte, el paseo a pie alrededor del lago de Grunewaldsee es de entre 1 h y 1 h 30. Parada indispensable para tomar algo en la preciosa terraza del Jagdschloss Grunewald, que desprende una serenidad extraordinaria. También puedes visitar el interesante museo que alberga principalmente pinturas de Lucas Cranach el Viejo. Puedes almorzar muy cerca en el 12 Apostoli en un ambiente de *Biergarten*. Se recomienda por supuesto bañarse en verano alrededor del lago.

 PASEOS A PIE ALREDEDOR DE LOS LAGOS DE SCHLACHTENSEE, DE KRUMME LANKE Y DE GRUNEWALDSEE

Cómo llegar:
Schlachtensee y Krumme Lanke: S1, S2 (Schlachtensee) y U3 (Krumme Lanke)
Grunewaldsee: U3 (Oskar-Helene-Heim), luego 25 minutos (agradables) a pie, o bien bus X10 y luego 15 minutos a pie

Más al sur, tras dar la vuelta al lago de Krumme Lanke (1 h aproximadamente), llegarás al precioso lago del Schlachtensee (paseo completo a pie en 2 h-2 h 30), que desprende un ambiente vacacional especialmente agradable. La llegada al lago por una de las escaleras de la orilla sur es espectacular.

El restaurante en la esquina noreste del lago está muy bien situado, pero no es muy recomendable: llévate mejor tu comida y busca tu propio rincón paradisíaco donde además puedes darte un fantástico baño.

CULTURA
INDUSTRIAL

Construida entre 1960 y 1964, la antigua central térmica Kraftwerk constituye por sí misma un capítulo importante de la historia industrial y festiva de Berlín. A partir de 2006 albergó el famoso club de techno Trésor y ahora es un espacio espectacular de exposiciones, conciertos, espectáculos de baile...

No abre todos los días, por lo que es mejor que consultes la programación en la web y reserves tu entrada con antelación.

KRAFTWERK
KÖPENICKER STR. 70,
10179 BERLIN (KREUZBERG)

| Altamente recomendable reservar | kraftwerkberlin.de | U8 (Heinrich Heine) |

JUGAR AL *PING-PONG* EN BERLÍN

Querido turista, no olvides traer una raqueta de *ping-pong* cuando vengas a Berlín: solo los berlineses saben que la ciudad es el paraíso de los jugadores de tenis de mesa. Hay cientos (sí, cientos) de mesas de *ping-pong* de uso gratuito por toda la ciudad que te esperan.

Nunca agradeceremos lo suficiente al genial Peter Ulrich por crear la fantástica aplicación para *smartphones Ping Pong Map* que te dice dónde jugar. Tiene una lista detallada de todas las mesas de *ping-pong* de la ciudad. Pero ojo, que algunas mesas están en colegios, y por lo tanto no se pueden usar.

pingpongmap.net/Berlin

EL SABOR
DEL VIEJO BERLÍN

Pocas ciudades en el mundo tienen tantos restaurantes históricos y auténticos como Berlín. A pesar de la guerra, a pesar del Muro, a pesar de los nazis, Berlín ha conservado varios lugares de irresistible encanto donde es agradable pasar largo rato. No solo se viene por la calidad de la comida, sino también para impregnarse de un ambiente intemporal.

> Joseph-Roth-Diele

Uno de nuestros sitios favoritos, que toma su nombre del escritor austriaco judío Joseph Roth (1894-1939) que vivió justo al lado hasta 1933 antes de tener que exiliarse. Además del techo, la sala es de época (1898): el ambiente y la música retro son un placer. Un flan muy rico y con periódicos del día para leer.

JOSEPH-ROTH-DIELE
POTSDAMER STR. 75,
10785 BERLIN (TIERGARTEN)

| LUN – SÁB: 18:00 / 2:00 | 030 26369884
info@joseph-roth-diele.de
joseph-roth-diele.de | U1, U3 (Kurfürstenstraße) |

© BERTRAND SAINT GUILHEM

> E. & M. Leydicke

Abierto en 1877 por Emil y Max Leydicke, Leydicke es una joya apartada de las modas y de la muchedumbre con una decoración que no parece haber cambiado desde sus inicios. Su excéntrico dueño Raimon Marquardt elabora aquí licores caseros que te sirve en su restaurante o te vende para llevar.

Se disfruta pasando un rato saboreando este ambiente único. Un lugar insólito.

 E. & M. LEYDICKE
MANSTEINSTRAßE 4,
10783 BERLIN (SCHÖNEBERG)

TODOS LOS DÍAS: 18:00 / 23:00 | 030 2162973
leydicke.com | U7 (Yorckstraße)

W. CHODAN

> Alt Berliner Wirtshaus Henne ▲

Un lugar delicioso. Abierto en 1908 (en un edificio de 1888), Henne ha sobrevivido mucho tiempo estando a tan solo cinco metros del muro de Berlín.

Puedes saborear su delicioso pollo frito (receta secreta) que sirven con la tradicional salsa de patatas o ensalada de col.

No te lo puedes perder.

 **ALT-BERLINER WIRTSHAUS HENNE
LEUSCHNERDAMM 25,
10999 BERLIN (KREUZBERG)**

MAR – DOM: 17:00 / 22:00	Altamente recomendable reservar 030 6147730 henne-berlin.de	U1, U3 (Kottbusser Tor)

> Diener Tattersall

Abierto en 1893, el magnífico Diener Tattersall es un sitio que siempre está a reventar y donde a menudo se viven apasionados encuentros. Comprado por el exboxeador Franz Diener en los años 1950, este restaurante se ha convertido en el lugar de referencia de los artistas y de la alta sociedad berlinesa (fíjate en los 500 retratos de artistas que adornan los muros) a los que se puede ver en un ambiente relajado. Una auténtica institución.

DIENER TATTERSALL
GROLMANSTRASSE 47,
10623 BERLIN (CHARLOTTENBURG)

| LUN – SÁB: 18:00 / 2:00 | Altamente recomendable reservar 030 8815329 diener-berlin.de | U7 (Yorckstraße) |

SENTIRSE COMO
EN UN *SPA* EN BALI

Hay dos opciones que ayudan a soportar el largo invierno berlinés: comprar un billete de avión para el trópico o ir al fantástico *spa* Vabali.

En una superficie de nada menos que 20 000 m², Vabali es, con sus 4 baños exteriores, sus 2 piscinas, sus 7 saunas y sus 7 hamames una pequeña joya donde uno siempre acaba pasando más tiempo de lo esperado. El lugar, con una decoración estilo balinés muy lograda, masajes de calidad (reservar con antelación), un restaurante de inspiración sureste asiático, muchas camas (algunas de agua) y sillones en los que descansar, chimeneas... es un pequeño paraíso de la relajación que no puedes perderte. La relajación suprema: venir a disfrutar del sol invernal en las pequeñas bañeras exteriores alrededor de la piscina principal. Felicidad absoluta.

Algunos consejos prácticos: como los suelos exteriores están fríos en invierno, llévate unas chanclas para no tener que alquilar unas (así como albornoz y toalla). Pero no hace falta que lleves bañador. En las piscinas, saunas y hamames, la desnudez impera – aunque lógicamente puedes no quitarte el albornoz el resto del tiempo (o tu toalla en las saunas).

VABALI SPA
SEYDLITZSTRASSE 6,
10557 BERLIN (MOABIT)

TODOS LOS DÍAS: 9:00 / medianoche	Altamente recomendable reservar	U1, U5, S3, S5, S7, S9 (Hauptbahnhof) y luego 15 min andando

DESCUBRIR
UNA OBRA MAESTRA
DEL CINE MUDO CON
MÚSICA EN VIVO

Aproximadamente dos veces al mes, el legendario cine Babylon proyecta la mítica película *Metrópolis*, obra maestra del cine mudo dirigido por Fritz Lang en 1927, en unas condiciones excepcionales: dentro de la enorme sala con reminiscencias *art déco*, una orquesta de unos treinta músicos pone música a esta película durante 2 h 30 min, recordando la edad de oro del cine de preguerra, cuando cada sesión era un auténtico espectáculo.

No te olvides reservar con antelación en la web del cine para asegurarte un sitio. El Babylon también propone todos los sábados por la noche (re)descubrir gratuitamente otras películas mudas acompañadas al órgano. 00 h, 0 euros, 0 diálogo: un programa tan original como minimalista.

MÉTROPOLI EN EL CINE BABYLON
ROSA-LUXEMBURG-STRASSE 30, 10178
BERLIN (MITTE)

| Altamente recomendable reservar | babylonberlin.eu | U2 (Rosa-Luxemburg-Platz) |

UN OTRO CINE FUERA DE LO COMÚN

Abierto en 1963 a unos minutos andando de Alexanderplatz, el Kino International ha conservado, a pesar de haber sido reformado tras la caída del Muro, su inimitable ambiente RDA, sobre todo en el bar de la primera planta donde te tomas algo bajo las lámparas de araña de la extinta Checoslovaquia. Pantalla de 17, 5 metros, sala grande con 608 butacas (hoy 551), acústica impecable gracias a su techo en forma de ola: si la Funkhaus (ver p. 65) no te acaba de convencer, ve al Kino International para descubrir que en la RDA también sabían construir edificios de calidad.

KINO INTERNATIONAL, KARL-MARX-ALLEE 33, 10178 BERLIN (MITTE)
yorck.de/kinos/kino-international
U5 (Schillingstraße)

LA MAGIA DEL CINE AL AIRE LIBRE

Uno de los grandes placeres que ofrece Berlín en los meses más cálidos es el cine al aire libre. En todos los barrios, la ciudad rebosa de joyas, tanto en los parques (Hasenheide, Rehberge) como en plena ciudad, en los jardines.

Nuestros favoritos son los de Kreuzberg, detrás del Bethanien, y sobre todo el de Pompeji, en Osktreuz (en el Zukunft).

FREILUFTKINO (CINE AL AIRE LIBRE)
Varios lugares: openair-kino.net

OSTKREUZ
zukunft-ostkreuz.de/freiluftkino.html
(ojo, este genial lugar – cine, cine al aire libre, bar, sala de conciertos, etc. – está amenazado de cierre, date prisa en ir)

KREUZBERG
freiluftkino-kreuzberg.de
De mayo a mediados de septiembre aproximadamente

LA MEJOR HAMBURGUESA
DE LA CAPITAL

Todos los productos que ofrece el mercado del Markthalle Neun (mercado n° 9) son buenos, pero las hamburguesas de Kumpel & Keule se llevan la palma: son, con diferencia, las mejores de Berlín. Carne con una calidad inigualable, cocción perfecta, ingredientes y salsa impecables...

Kumpel & Keule también es una carnicería que evidentemente vende una carne excelente. Cuando te comas la espectacular hamburguesa, date una vuelta por el mercado para completar tu almuerzo: una crepe, un tiramisú o un café en los distintos puestos de este mercado cubierto de 1891 – es uno de los últimos (y el mejor conservado) de los 14 mercados cubiertos de Berlín que abrieron a finales del siglo XIX.

Ya que estás aquí, aprovecha para hacer la compra (quesos, verduras, frutas, pescado...): es caro, pero delicioso.

KUMPEL & KEULE GMBH
MARKTHALLE NEUN
EISENBAHNSTRASSE 42–43,
10997 BERLIN (KREUZBERG)

| LUN – SÁB: 9:00 / 18:00 Normalmente abierto los jueves por la noche | kumpelundkeule.de markthalleneun.de | U1, U3 (Görlitzer Bahnhof) |

41

EL PASEO EN BICI MÁS BONITO
DE BERLÍN

Los berlineses lo saben, los turistas no tanto: la capital es un pequeño paraíso para los amantes de la naturaleza y de la bici. Al suroeste de Berlín (pero dentro de las fronteras oficiales de la ciudad), puedes pasar un fantástico día entre el S-Bahn de Wannsee y el norte de Potsdam.

Indicaciones:

- Elige preferentemente un precioso y soleado día para bañarte. Sal pronto porque el paseo es tan agradable y variopinto que te puede llevar el día entero si te tomas tu tiempo.

- Lleva tu bici en el S-Bahn hasta Wannsee (o alquila una cuando llegues). Sal por el lado oeste (hacia el agua), cruza el puente (Wannseebrücke) y toma la primera a la derecha tras pasar el puente (calle Am Grossen Wannsee). En el camino te puedes parar en dos sitios en el lado derecho: el museo Max Liebermann y su agradable jardín que da al agua, y la Haus der Wannsee-Konferenz, tristemente conocida por su papel en el Holocausto. Interesante exposición histórica y precioso jardín con vistas al agua. El final del paseo pasa a ser un tramo sin coches especialmente agradable hasta el final del recorrido.

- Más o menos a mitad del recorrido (de 20 a 30 minutos en bici), te recomendamos que tomes el ferry para ir a visitar a pie la Pfaueninsel (isla de los pavos reales). Puedes tomarte algo junto al embarcadero, que está mejor ubicado que el restaurante que está detrás, recostado en una tumbona mirando el agua.

- A 15-20 minutos en bici encontrarás un pedacito de paraíso: la pequeña ensenada natural de Moorlake con la posada de Moorlake (Wirtshaus Moorlake) donde podrás almorzar en un

ambiente muy agradable. A lo largo del paseo, hay playas más o menos grandes donde bañarte. Aunque pequeña, no puedes perderte la que está delante del restaurante. Sin dejar de bordear el agua, verás enseguida, del otro lado del Wannsee, la bonita iglesia de Heilandskirche, de inspiración italiana.

- Sigue por el camino que bordea el agua hacia el magnífico parque de Glienicke donde podrás visitar el pequeño museo del castillo, pasear andando por los jardines y comer en el precioso patio interior. El paseo termina cruzando en bici el Glienicker Brücke (el famoso puente donde se intercambiaban los espías en la época de la RDA), luego, sin dejar el lado derecho, llegarás al increíble restaurante Kongsnaes donde podrás cenar (se aconseja reservar, ver p. 62). Las vistas desde la terraza son excepcionales.

- Para volver a Berlín: da media vuelta bordeando el agua o, si ya es de noche, toma el S-Bahn en Babelsberg (un trayecto más agradable y menos largo que el que va directo al S-Bahn Wannsee) en Potsdam.

OTROS PASEOS MUY AGRADABLES,
EN PLENA NATURALEZA:

- De Schlachtensee a Grunewaldsee pasando por Krumme Lanke, dando la vuelta a los tres lagos, también a pie (suroeste de Berlín – S-Bahn Nikolassee) – ver p. 17.
- Bordeando el Tegeler See, lado noroeste (noroeste de Berlín – U6 Alt-Tegel)
- Bordeando los parques de Treptow y de Plänterwald (Treptow – S-Bahn Treptower Park);
- Desde la playa de Wendenschloss (ver p. 85), bordeando el agua, hasta Große Krampe. La segunda parte del paseo, siempre bordeando el agua hacia Seddinsee, es posible, pero el camino es muy irregular;
- Por Meskengraben desde la estación de metro U7 Rudow: un auténtico ambiente rural;
- En Lübars, al norte de Berlín, saliendo desde Hermosdorfersee, pasando cerca de la playa de Lübars (parada aconsejada, ver p. 84), hasta el pueblo de Alt Lübars, donde puedes almorzar o cenar, principalmente por su ubicación con vistas a la iglesia, en la terraza del Alter Dorfkrug (S-Bahn Waidmannslust y luego el autobús 222).

UNA EXPERIENCIA ESTÉTICA
EXCEPCIONAL

La Colección Feuerle, instalada en Kreuzberg en un antiguo búnker de la Segunda Guerra Mundial rehabilitado por el arquitecto John Pawson, es una excepcional colección privada de arte jemer y de arte chino antiguo que solo se puede descubrir previa cita.

La visita, de una hora de duración, es toda una experiencia estética, espiritual y erótica, en la que la colección de arte antiguo se mezcla por doquier con obras de arte (Cristina Iglesias, Anish Kapoor...) y fotos contemporáneas.

Los más afortunados pueden alquilar este lugar para visitarlo a su ritmo, pero también, y, sobre todo, para vivir en privado una experiencia olfativa única: una ceremonia de incienso de 45 minutos de duración.

El lugar debe su nombre a Désiré Feuerle, fundador de este espacio expositivo en el que vivirás un momento atemporal.

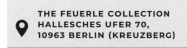

THE FEUERLE COLLECTION
HALLESCHES UFER 70,
10963 BERLIN (KREUZBERG)

| Reserva obligatoria | thefeuerlecollection.org/en | U1, U3, U7 (Möckernbrücke) |

#11

LA DISCOTECA MÁS PEQUEÑA
DEL MUNDO

¿No te han dejado entrar en Berghain? ¿En Kater Blau tampoco?
Ve entonces a Teledisko.

Aquí no hay riesgo de que te nieguen la entrada. Metes dos
euros en la ranura, eliges la música y entras en esta discoteca
tamaño cabina telefónica con quien tú quieras: tu perro, 2 o 5
amigos...

Tres minutos de pura magia y tiene hasta con una bola de
discoteca.

TELEDISKO
RAW-GELÄNDE
REVALER STR. 99,
10245 BERLIN (FRIEDRICHSHAIN)

teledisko.com

U1, U3, S3, S5, S7, S9 (Warschauer Straße)

ALMORZAR
EN UNA TERRAZA
JUNTO AL AGUA

Pocas son las capitales de Europa, y del mundo, que tienen terrazas donde comer a orillas del agua en plena ciudad. Te pasamos las mejores a las que ir en cuanto hace bueno y sentirte como si estuvieras de vacaciones.

> Un rincón de paraíso

El Moorlake está situado en un auténtico paraíso junto al Wannsee, al suroeste de Berlín (ver p. 44). Una serenidad y una tranquilidad excepcionales para un almuerzo ideal, la excusa perfecta para pasar un maravilloso día en el campo con un buen baño incluido.

MOORLAKE
MOORLAKEWEG 6,
14109 BERLIN (WANNSEE)

€

Solo almuerzo · 030 8055809 · moorlake.de

> ## La terraza del fin del mundo

El mejor sitio a orillas del agua al noroeste de Berlín. Un poco escondido y por lo tanto no muy conocido, el Fahrhaus Saatwinkel sirve un suculento salmón, ahumado en el restaurante por el propietario. Después de comer en la amplia y bonita terraza, puedes tomar el ferry para ir a pasear por la pequeña e idílica isla de Maienwender. Si a esto le añades el paseo en bici hasta el restaurante y el baño que no te puedes perder (por ejemplo, mientras esperas el ferry), vas a disfrutar de un maravilloso día con la sensación de estar lejos de todo.

 **FAHRHAUS SAATWINKEL**
IM SAATWINKEL 15,
13599 BERLIN (SPANDAU)

faehrhaus-saatwinkel.de

> **Un restaurante flotante cerca del Müggelsee** ▲

Es un placer subirte en el mini ferry para ir al SpreeArche, un restaurante flotante al este de Köpenick (este de Berlín). También es una oportunidad para pasar un bonito día en el campo, en bici. Buen salmón ahumado y una acogida muy agradable.

 SPREEARCHE
MÜGGELSCHLÖSSCHENWEG 0,
12559 BERLIN (KÖPENICK)

Cuando hace bueno en invierno solo abre los fines de semana al mediodía. En los meses más cálidos abre todos los días y altamente aconsejable que llames para reservar	0172 3042111	info@spreearche.de

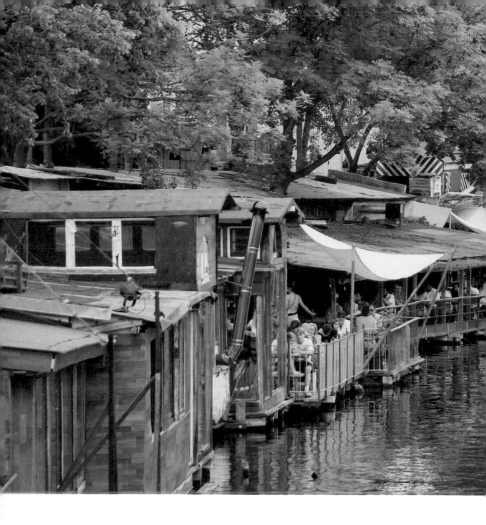

> Unas vistas increíbles

En la entrada de Potsdam, justo a la salida de Berlín, después del Glienicke Brücke, está el restaurante Kongsnaes con una terraza con unas vistas increíbles. Se recomienda reservar.

 KONGSNAES
SCHWANENALLEE 7D,
14467 POTSDAM

| VIE – DOM: almuerzo y cena | Altamente recomendable reservar | kongsnaes.de |

> ## Una terraza en el corazón de la ciudad

En el canal de Kreuzberg, a unos pasos del Spree, el Freischwimmer tiene una terraza muy agradable donde almorzar o tomar algo al sol.

 FREISCHWIMMER
VOR DEM SCHLESISCHEN TOR 2,
10997 BERLIN (KREUZBERG)

freischwimmer-berlin.com

LA RDA
EN LA CIMA DE SU ARTE

El Funkhaus es un lugar excepcional. Antigua sede de la radio de Alemania del Este hasta 1990, el edificio, diseñado por el arquitecto Franz Ehrlich en 1951, es una obra maestra de la arquitectura de los años 1950.

El enorme complejo de 13 hectáreas ofrece ahora apasionantes visitas guiadas (descubrirás la fantástica escalera que no lleva a ningún sitio, revestida con diferentes materiales para grabar los sonidos de los pasos de un suelo a otro), conciertos (algunos se celebran en el estudio de grabación más grande del mundo) o incluso actuaciones sonoras.

Tras almorzar en uno de los dos restaurantes que hay, podrás pasar una placentera tarde hasta que anochezca en la terraza delante del río Spree, que también puedes explorar alquilando un kayak a pocos metros.

© UWE FABICH

📍 **FUNKHAUS**
NALEPASTRASSE 18,
12459 BERLIN (RUMMELSBURG)

030 12085416	info@funkhaus-berlin.net tickets@funkhaus-berlin.net funkhaus-berlin.net	Tram 21 (Blockdammweg)

UNA NOCHE EN EL TALLER
DE UN FABRICANTE
DE COLCHONES
EXCEPCIONALES

Instalado en un bonito apartamento de un edificio clásico de Schöneberg, Daniel Heer es uno de los cuatro últimos fabricantes de colchones excepcionales en Europa: fabricados a mano según técnicas ancestrales, estos colchones de crin de caballo ofrecen una garantía de por vida.

Para que sus clientes puedan probar la calidad de sus colchones en las mejores condiciones, este artesano apasionado ha tenido la brillante idea de ofrecerles dormir una noche, pero solo una, en una habitación de su taller.

Tras un largo sueño especialmente reparador, el momento del desayuno servido por Daniel (en el jardín del patio interior cuando hace bueno) es la oportunidad para hablar sobre sus conocimientos y técnicas o sobre los mejores sitios del barrio.

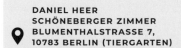

DANIEL HEER
SCHÖNEBERGER ZIMMER
BLUMENTHALSTRASSE 7,
10783 BERLIN (TIERGARTEN)

030 81475123
danielheer.com

U1, U3 (Kurfürstenstrasse)

Para la cena, tienes el delicioso restaurante Panama a dos pasos del taller. La coctelería Victoria también es una apuesta segura del barrio, al igual que el club Kumpelnest, con un ambiente algo

más excéntrico. Si te gusta la música experimental, el pequeño bar Au Topsy Pohl, también está cerca. Más tradicional, pero igual de agradable, el restaurante Joseph-Roth-Diele (ver p. 26) tampoco está lejos.

LAS MEJORES MESAS
DE NEUKÖLLN

Neukölln es el barrio de Berlín con los bares y restaurantes más cool de la ciudad.

> Un restaurante como nos gusta

Situado en el agradable barrio de Schillerkiez, cerca de Tempelhof, Barra, es un restaurante de los que nos gusta: decoración acogedora, cocina de muy buena calidad, servicio amable, precios razonables... Se cena incluso mejor aquí que en muchos de los restaurantes con estrella, y hasta te lo pasas mejor. No lo dudes y ve, pero reserva con varios días de antelación.

 BARRA
OKERSTRASSE 2,
12049 BERLIN (NEUKÖLLN)

| LUN – VIE: 18:30 / 22:300 | Altamente recomendable reservar 030 818 60757 reservations@barraberlin.com | U8 (Leinestraße) |

© GAZZO

> Un helado exquisito en una pizzería excelente

Gazzo Pizzeria es una de las mejores pizzerías de Berlín: una masa (ligeramente) crujiente como nos gusta, ingredientes de calidad, composiciones originales. Pero Gazzo guarda un as en la manga: su exquisito helado de búfala de Brandemburgo que te sirven con un chorrito de aceite de oliva (¡sí!), que marca la diferencia.

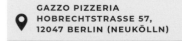 **GAZZO PIZZERIA**
HOBRECHTSTRASSE 57,
12047 BERLIN (NEUKÖLLN)

TODOS LOS DÍAS: 12:00 / 22:00	gazzopizza.com	U8 (Schönleinstraße)

© SORREL

> **El brunch perfecto**

Uno de nuestros sitios favoritos de Berlín. Decoración moderna y acogedora, cocina sencilla y de calidad (no te pierdas el riquísimo croque-monsieur ni la tostada francesa con nata fresca), y una bienvenida súper agradable: nos encanta. Otra ventaja: es uno de los pocos restaurantes buenos de Berlín donde sirven almuerzos.

SORREL
PANNIERSTRASSE 40,
12047 BERLIN (NEUKÖLLN)

SÁB – LUN y MIÉ: 10:00 / 17:00 JUE – VIE: 10:00 / 23:00	Altamente recomendable reservar 030 84711195	U1 y U3 Görlitzer Bahnhof o U7 y U8 Hermannplatz (luego unos 10 minutos andando desde las bocas de metro)

SUMERGIRSE EN EL BERLÍN
DE LOS LOCOS AÑOS 20

Al noreste de Berlín, bastante alejado de los circuitos turísticos clásicos, el Delphi es una magnífica sala de cine construida en 1929. Abandonada durante mucho tiempo, en 2017 volvió a estar en funcionamiento como sala de espectáculos.

Ve y sumérgete en el todavía palpable ambiente del Berlín de los años 1920 y de la República de Weimar: aquí se rodaron varias escenas de la serie de televisión *Babylon Berlin*, aunque muchísimos berlineses ni siquiera saben que esta sala existe.

Antes o después del espectáculo, puedes tomar algo en la agradable Brotfabrik, justo al lado. Y ya que estás en el barrio, un poco alejado de Weißensee, intenta pasar el día visitando el magnífico cementerio judío (ver p. 104), así como la deliciosa playa de Orankesee (ver p. 84).

 THEATER IM DELPHI
GUSTAV-ADOLF-STRASSE 2,
13086 BERLIN (WEIßENSEE)

Altamente recomendable reservar	theater-im-delphi.de	U2, S2, S8, S41, S42, S85 (Schönhauser Allee)

LAS MEJORES PLAYAS
DE BERLÍN

Los berlineses saben que existen (aunque a menudo solo conocen la de Wannsee, y en el mejor de los casos, dos o tres más), pero los visitantes se quedan asombrados: sí, en Berlín, cuando hace buen tiempo, te puedes bañar en auténticas playas de arena en plena ciudad.

Hay 11 *Strandbad* oficiales: playas accesibles a un precio económico, con un quiosco de bebidas y comidas ligeras, y en algunos casos, un modesto restaurante.

Abiertas de principios de mayo a mediados de septiembre aproximadamente, tienen tumbonas (a menudo pagando un suplemento) y las míticas Strandkorb, esas "casetas de playa" que recuerdan con simpatía a los años de preguerra. Se acabó romperse el cuello en tu toalla en las pequeñas playas gratuitas: cómodamente instalado en tu tumbona, puedes sumergirte en un libro u observar tranquilamente lo que te rodea y a los jugadores de voleibol o de *ping-pong* – solo tienes que llevar tu equipamiento para usarlo en las pistas o mesas. Casi como si estuvieras en Río.

Estas son nuestras playas oficiales favoritas:

> **Strandbad Orankesee**

Una de las menos conocidas, tiene todo lo que ofrecen las playas clásicas, pero en un ambiente y un marco especialmente agradables. Otra ventaja: es una de las más cercanas al centro de la ciudad, a 10-15 minutos en coche desde Mitte, 10 minutos desde Prenzlauer Berg y a 15-20 minutos de Kreuzberg.
Gertrudstraße 7 - 13053 Berlin (Weißensee)
strandbad-orankesee.de

> **Strandbad Lübars**

Una bonita sorpresa al norte de Berlín. Un espacio amplio y muy agradable con un restaurante con vistas al lago.
Am Freibad 9 - 13469 Berlin (Reinickensdorf)
berlinerbaeder.de

> **Strandbad Plötzensee**

Un entorno precioso, con un ambiente más joven y festivo al caer el día. Bonitos paseos por el bosque de alrededor.
Nordufer 26 - 13351 Berlin (Wedding)
berlinerbaeder.de

> **Strandbad Wendenschloss**

Grandes superficies de arena y césped, y con un restaurante. Se accede fácilmente en bici desde el S-Bahn Grünau y luego con el ferry que cruza el Langer See. Puedes terminar tu día dando un agradable paseo en bici hacia el sureste y bajar bordeando el Langer See.
Möllhausenufer 30 - 12557 Berlin (Köpenick)
strandbad-wendenschloss.berlin

¿DÓNDE BAÑARSE DESNUDO EN BERLÍN?

Berlín también tiene varias playas nudistas oficiales (llamadas FKK por *FreiKörperKultur*, cultura libre del cuerpo). Las encontrarás en el Flughafensee Tegel, en la Strandbad Plötzensee, en el Teufelsee (Grunewald), en la Halensee, en la Grunewaldsee, en Krumme Lanke y en la Strandbad Müggelsee (que no es realmente una playa privada como las anteriores).
Si te gusta bañarte desnudo (y lo entendemos), y prefieres evitar la muchedumbre, tienes muchos sitios discretos a orillas de lagos y ríos de Berlín donde poder desnudarte, tanto para bañarte como para secarte. La discreción es importante y los berlineses suelen ser muy respetuosos a este respecto.

HACER LA RUTA DE
LAS OBRAS MAESTRAS ARQUITECTÓNICAS DESCONOCIDAS

A pesar de las destrucciones causadas por la Segunda Guerra Mundial, Berlín ha conseguido preservar algunas joyas arquitectónicas, desconocidas incluso para muchos berlineses, así como algunas curiosidades arquitectónicas únicas en el mundo. También construyeron nuevas maravillas en la posguerra. Os dejamos una pequeña lista, no muy exhaustiva.

> **Una obra maestra de la arquitectura brutalista**

Con su forma que recuerda a un buque de guerra gigante, el Mäusebunker (literalmente El búnker de los ratones), es uno de los edificios más espectaculares (120 metros de largo) y más desconocidos de Berlín. Obra maestra de arquitectura brutalista, este excepcional edificio, abandonado, no se puede visitar. El arquitecto berlinés Gerd Hänska lo diseñó entre 1967 y 1970, en colaboración con su esposa y su hijo, como un laboratorio de experimentación animal de la Freie Universität.

MÄUSEBUNKER
KRAHMERSTRASSE 6,
12207 BERLIN (ZEHLENDORF)

Visible solo desde el exterior | S25, S26 (Lichterfelde Ost)

> Una maravilla expresionista

Construida entre 1927 y 1929 según los planos de Ernst Paulus y de su hijo Günther Paulus, la Kreuzkirche (iglesia de la Cruz) es una obra maestra de la arquitectura expresionista. Admira su sorprendente portal de entrada de cerámica azul, pero sobre todo su extraordinaria sala principal octogonal, cuya excepcional decoración pintada detrás del altar también es típica del expresionismo.

Subiendo la Hohenzollerndamm hacia el S-Bahn, la puerta de entrada de las oficinas de la parroquia, a unos diez metros a la izquierda de la entrada principal de la iglesia, también luce una fantástica decoración expresionista.

 KREUZKIRCHE
HOHENZOLLERNDAMM 130A,
14199 BERLIN (SCHMARGENDORF)

SÁB: 16:00 / 18:00	030 83224663	
DOM: para la misa a las 11:00	kreuzkirche-berlin.de	S41 (Hohenzollerndamm)

> ## Una obra maestra de la luz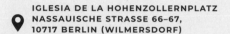

Construida entre 1930 y 1933 según los planos de Ossip Klarwein, la iglesia de la Hohenzollernplatz es uno de los ejemplos de arquitectura expresionista más interesantes de Berlín. El efecto de luz que producen las vidrieras laterales y la enorme vidriera situada detrás del altar es increíble: sobre la superficie clara de los arcos de cemento se reflejan tonos de amarillo, rojo y azul que realzan el ambiente místico del lugar.

**IGLESIA DE LA HOHENZOLLERNPLATZ
NASSAUISCHE STRASSE 66-67,
10717 BERLIN (WILMERSDORF)**

MAR y JUE: 14:00 / 18:00 MIÉ y VIE: 11:00 / 13:00 SÁB: 13:00 / 15:00 y durante los eventos y las misas Misa cantada todos los sábados al mediodía	U2, U3 (Hohenzollernplatz)

> ## Unas chimeneas insólitas

En el sur un poco soso de Schöneberg, el gran edificio de la Malzfabrik, en la Bessemerstraße, luce cuatro espectaculares chimeneas rematadas por sombreretes metálicos que giran con el viento. Lejos de ser unos extractores de humo, captaban el aire fresco para optimizar la producción de cerveza en la fábrica situada debajo.

**CHIMENEAS DE LA MALZFABRIK
BESSEMERSTRASSE 2-14,
12103 BERLIN (SCHÖNEBERG)**

Visitas guiadas (Malzreise) previa reserva: tunneltours.de/project/industrie 17,50 € por persona, sin descuento	S41, S42, S45, S46 (Tempelhof) S2, S25, S26 (Südkreuz)

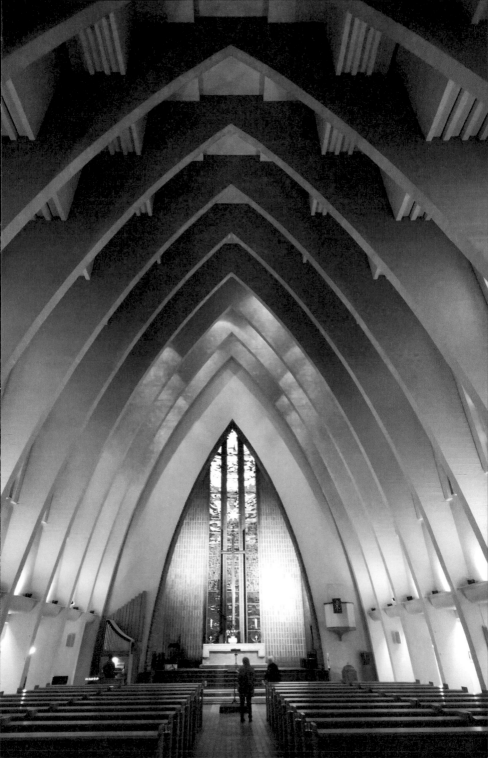

> Una arquitectura pop art y futurista

Construido en 1976 por los arquitectos Ralf Schüler y su esposa Ursulina Schüler-Witte como un restaurante (el Steglitz Tower Restaurant), el Bierpinsel es una pequeña obra maestra arquitectónica entre el futurismo y el *pop art*, y una de las pocas construcciones de los años 1970 que ha logrado sobrevivir. Desde lo alto de sus 46 metros, ha sido un bar, un restaurante y un club, y hoy está en desuso. Su nombre, que proviene del argot berlinés, significa brocha de cerveza: diseñado con forma de árbol (o de brocha para algunos), originalmente servía mucha cerveza a sus clientes.

BIERPINSEL
SCHLOSSSTRASSE 17,
12163 BERLIN (STEGLITZ)

U9 (Schloßstraße)

> Uno de los interiores más bonitos de Berlín

Pocos son los berlineses que han entrado en el Tribunal Regional de Berlín (Landgericht Berlin), construido en 1904 por los arquitectos Paul Thoemer, Rudolf Mönnich y Otto Schmalz. Esconde sin embargo uno de los interiores más bonitos de toda la ciudad, entre modernista, rococó y neogótico. Muestra tu pasaporte o tu documento nacional de identidad en la entrada.

 ATRIO DEL TRIBUNAL REGIONAL DE BERLÍN
LITTENSTRAßE, 12–17
10179 BERLIN (MITTE)

LUN – VIE: 9:00 / 13:00

U2 (Klosterstraße)

UNA EXPERIENCIA GASTRONÓMICA
AUTÉNTICA

Los llamados restaurantes gastronómicos, en Berlín como en otros lugares del mundo, decepcionan a menudo: pretenciosos, sencillamente nada buenos, aburridos...

Ernst es todo lo contrario. Es caro, claro, pero la calidad de sus productos y de su cocina es tan excepcional que uno entiende hasta qué punto es lógico.

También basta con ver a su chef, Dylan Watson-Brawn, un canadiense de Vancouver que llegó a Berlín tras trabajar varios años en el restaurante RyuGin en Tokio (tres estrellas Michelin): la pasión que le anima, el gusto por la perfección, la creatividad y la novedad garantizan una experiencia inolvidable.

El pequeño tamaño del restaurante (7 sitios en la barra), la elegancia de los platos y cubiertos: todo está pensado para que sublimes el momento presente.

ERNST
GERICHTSTRASSE 54,
13347 BERLIN (WEDDING)

MIE – SÁB: 19:30 / medianoche Reserva obligatoria	ernstberlin.de	U6 (Wedding)

UNA VELADA EN
EL BERLÍN DE LOS 90

Un poco al este de la ciudad (20 minutos en taxi desde Kreuzberg), en el barrio de Oberschönerweide, MaHalla Berlin ocupa un espacio espectacular: una antigua fábrica de bombillas eléctricas que también sirvió de showroom.

MaHalla organiza periódicamente eventos o actuaciones que suelen ser increíbles: te sumerges en el Berlín de los años 1990. Inscríbete a su newsletter para estar al tanto de los eventos.

 MAHALLA
WILHELMINENHOFSTRASSE 76,
12459 BERLIN (OBERSCHÖNEWEIDE)

info@mahalla.berlin mahalla.berlin	S8, S9, S45, S46, S47, S85 (Schöneweide)

99

UN VIAJE
HACIA LA LUZ

El cementerio histórico de Dorotheenstadt, en Mitte, alberga desde 2015 una obra desconocida del célebre artista americano James Turrell que se puede ver previa reserva.

Es media hora antes de la puesta de sol (los horarios cambian según la época del año), cuando el efecto óptico, como sucede siempre con Turrell, es más espectacular: el cambio de luminosidad exterior se mezcla con la evolución de los colores proyectados hacia el interior de la capilla del cementerio, según el principio que utilizó el artista en Naoshima (Japón).

 INSTALACIÓN LUMINOSA DE JAMES TURRELL
CHAPELLE DU DOROTHEENSTÄDTISCHER FRIEDHOF I
CHAUSSEESTRASSE 126, 10115 BERLIN (MITTE)

De septiembre a mayo, previa reserva únicamente	Horarios en la web: evfbs.de	U6 (Naturkundemuseum)

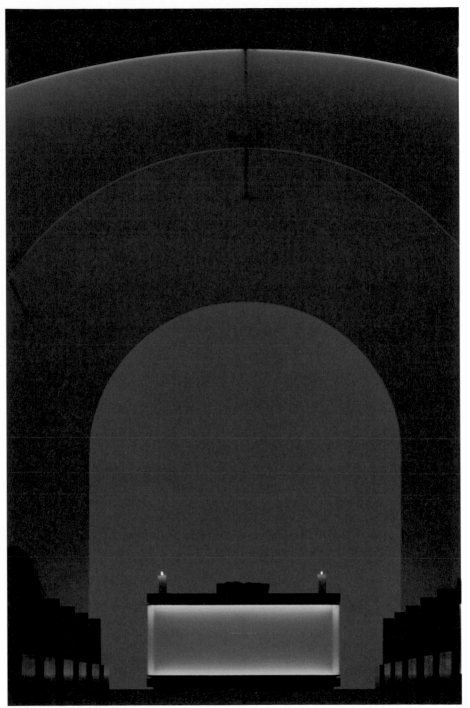

DEAMBULAR POR UNO DE **LOS CEMENTERIOS MÁS BONITOS DEL MUNDO**

El cementerio judío de Berlin-Weißensee es claramente uno de los más bonitos del mundo y, enorme ventaja, hay poca gente al estar un poco apartado del centro de la ciudad. Puedes deambular con gran placer por los senderos sombreados de este cementerio construido en 1880 que desprende un ambiente sumamente nostálgico y romántico (la mayoría de las tumbas son anteriores a la Segunda Guerra Mundial).

En medio de lo que parece un precioso bosque urbano, puedes admirar las numerosas y magníficas tumbas. La más bonita de todas, desconocida, es una auténtica joya. Para llegar hasta ella tienes que pedir un plano en la entrada y buscar la tumba (de 1893) de las familias Lewinsohn y Netter en el cruce de las calles IIA IIB IIG e IIH.

CEMENTERIO JUDÍO DE BERLÍN
HERBERT-BAUM-STRASSE 45,
13088 BERLIN (WEIßENSEE)

LUN – JUE: 7:30 / 17:00
VIE: 7:30 / 14:30

Tram M4 (Albertinenstraße)

No te pierdas tampoco el cruce de las calles IIK, IIJ, IIR e IIS: el conjunto de las sepulturas de esta placita es excepcional, sobre todo las de las familias Adam, Friedlaender y Baszynski, de inspiración modernista.

Ya que estás en el barrio, para completar el día, lo ideal es ir a la preciosa playa de Orankesee (ver p. 84), pasear alrededor de los lagos Weißensee y Obersee, y acabar el día con un espectáculo en el impresionante Theater im Delphi (ver p. 80).

EL MEJOR TECHNO
DEL MUNDO

Los clubs de Berlín son, con diferencia, los mejores del mundo: abren todo el año (no como en Ibiza, por ejemplo) y, además, en el caso de algunos, las 24 horas, desde el viernes por la noche hasta el lunes por la mañana. ¿Qué otra ciudad del planeta te da la opción de bailar al ritmo de los mejores DJ del mundo un sábado a las 16 h o un domingo noche, a la hora de la cena, el horario de muchos *clubbers* berlineses, cuando los turistas ya se han ido? Casi ninguna.

Berlín adoptó enseguida el techno, creado en Detroit (USA) en los años 1980, justo después de la caída del Muro: las innumerables fiestas ilegales delirantes se convirtieron en el símbolo de una libertad que se redescubría. Ahora, aunque aún hay alguna que otra *rave* ilegal, el techno se escucha principalmente en clubs de excepción donde, por norma, está prohibido hacer fotos, lo que permite dejarse llevar sin el temor de salir en las redes sociales.

A veces es difícil entrar en algunos de estos clubs: se pierde la cuenta de la gente a la que no han dejado entrar en el mítico

BERGHAIN	SISYPHOS	HEIDEGLÜHEN
AM WRIEZENER BHF, 10243 BERLIN (FRIEDRICHSHAIN)	HAUPTSTR. 15, 10317 BERLIN (RUMMELSBURG)	(CHARLOTTENBURG NORD)
berghain.berlin/de	sisyphos-berlin.net	No hay una dirección más precisa; el Heideglühen lo vale...) heidegluehen.berlin

Berghain a pesar de haber estado esperando horas en el frío o bajo la lluvia. Un consejo: evita ir un viernes o un sábado por la noche...

Quitando el famoso y legendario Berghain, nuestros favoritos son el Sisyphos (Rummelsburg, 10-15 minutos en coche desde Kreuzberg) con sus increíbles DJ, su jardín, su café, sus diferentes salas y su ambiente un poco *destroyer* y muy berlinés de los 90. En verano, puedes bailar fuera, al sol. Nos gustan también el club der Visionäre, y el más pequeño y divertidísimo Heidegluhen (menos techno que los otros), así como el Kater Blau que ofrece, entre otras cosas, el privilegio de bailar al aire libre y a orillas del Spree.

CLUB DER VISIONÄRE
AM FLUTGRABEN,
12435 BERLIN (KREUZBERG)

clubdervisionaere.com

KATER BLAU
HOLZMARKTSTRASSE 25,
10243 BERLIN (FRIEDRICHSHAIN)

katerblau.de

EXPLORAR LOS
SUBTERRÁNEOS
DE BERLÍN

Unterwelten es una asociación de guías especializados en la visita de lugares subterráneos prohibidos de la Alemania nazi o de la antigua RDA: antiguos búnkeres, túneles excavados para cruzar el muro...

Independientemente del recorrido que elijas, tanto el talento de estos guías (que hablan varios idiomas) como la calidad de los lugares y de las explicaciones hacen que la visita sea algo indispensable.

En la sede de la asociación, situada en Gesundbrunnen, al norte de Berlín (no hace falta dedicarle mucho tiempo a este barrio, no es el más atractivo de Berlín), no dejes de visitar la interesante exposición *Germania*, el delirante proyecto nazi de la capital del Reich que nunca llegó a ver la luz.

Visitas que no puedes perderte bajo ningún concepto.

 UNTERWELTEN
BRUNNENSTRASSE 105,
13355 BERLIN (GESUNDBRUNNEN)

| Altamente recomendable reservar | berliner-unterwelten.de | U8 (Voltastraße) S1, S2, S25, S26 (Humboldthain) |

LO MEJOR DE LA COCINA
MODERNA BERLINESA

Otto es prácticamente el restaurante perfecto: decoración moderna pero acogedora, con sus paredes de hormigón y su cocina cubierta, ambiente animado, cocina deliciosa y creativa, servicio amable... Hay pocos lugares así en Berlín.

Otra ventaja: a diferencia de la mayoría de los restaurantes gastronómicos de Berlín donde te imponen un menú de 5, e incluso 7 u 8 servicios, en Otto, pides los platos a la carta, y da gusto.

Tras ganar experiencia en algunos restaurantes con estrella como Koks (islas Feroe), Maaemo (Oslo), Loco (Lisboa) y el restaurante *pop-up* de Noma en Tulum (México) (actualmente cerrado), el berlinés Vadim Otto Ursus, que nació a unos pasos del restaurante, en Prenzlauer Berg, volvió a casa para abrir su propio restaurante que compra todos sus productos en Berlín y alrededores más cercanos. Piensa en reservar con antelación: solo tiene unas veinte mesas.

 RESTAURANT OTTO
ODERBERGER STR. 56,
10435 BERLIN (PRENZLAUER BERG)

JUE-LUN: 18:00 / 23:00	Altamente recomendable reservar otto@otto-berlin.net otto.superbexperience.com	U2 (Eberswalder Straße)

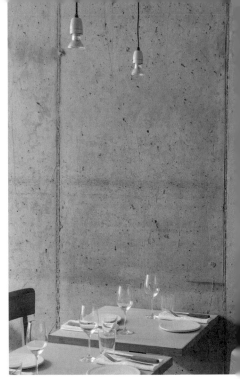

© ROBERT RIEGER

DARSE UN VIAJE EN UNA
ESTACIÓN DE METRO PSICODÉLICA

¿El arquitecto había tomado LSD? Uno se lo puede preguntar viendo desfilar las estaciones de metro de la línea U7 de Berlín que lucen una decoración psicodélica, un poco antes de llegar a Spandau...

Si te gusta en especial Paulsternstrasse (extraordinaria) y Siemensdamm (fíjate también afuera en los espectaculares conductos de aireación), no te pierdas tampoco las estaciones que están justo antes, dirección oeste: Jungfernheide, Mierendorffplatz, Richard-Wagner Platz, Wilmersdorfer Straße, Konstanzer Straße y Fehrbelliner Platz.

Las siete últimas estaciones de Siemensdamm en Rathaus Spandau fueron declaradas monumento protegido en 2017.

 LÍNEA U7
DIRECCIÓN RATHAUS SPANDAU

Diseñadas por el arquitecto Rainer Rümmler a principios de los años 1980, estas estaciones son unas auténticas joyas arquitectónicas. Nombrado arquitecto en jefe del metro berlinés en 1964, Rümmler creó, tras darle vueltas para encon-

trar una identidad a las cincuentas estaciones que construyó, la extensión de la línea U7 hasta Spandau inspirándose en el arte pop, que en aquella época se dio a conocer en el mundo entero. Cada estación es única y merecen realmente el viaje.

#27

REMAR EN
LA PEQUEÑA VENECIA

En verano, Berlín es un paraíso lleno de lagos, ríos y playas donde bañarse o navegar.

En la periferia oeste de la ciudad, a tan solo 20-30 minutos en coche del centro, Berlín esconde una excepcional red de pequeños canales que conectan entre sí brazos de mar o lagos. El lugar, situado en Spandau, al oeste de Charlottenburg, bien merece su apodo de *Klein Venedig* (Pequeña Venecia): solo le faltan los campanarios y las iglesias renacentistas. Para descubrirla, hay que alquilar un kayak (los barcos a motor son demasiado grandes) y salir a dar un fantástico paseo de unas 3 horas en el que verás los bonitos huertos que dan directamente al agua de esta *kolonie*. Llévate comida o compra un plato de pasta para llevar en el restaurante Il Passetto, situado justo enfrente de una tienda de alquiler de kayaks.

 KLEIN-VENEDIG

| Altamente recomendable reservar | 13kanus.de
marina-base.de
der-bootsladen.de | |

Del otro lado de la ciudad, al este de Köpenick, *Neu Venedig* (Nueva Venecia) también merece una visita. Disfruta de un buen almuerzo en el agua en la Müggelseefischerei o compra comida para hacer un picnic – el salmón ahumado está delicioso – y luego disfruta de los colores del atardecer a bordo de un kayak, que puedes alquilar por ejemplo en 13Kanus, muy bien ubicado y que abre hasta las 20 h. Dos horas son suficientes para hacerte una idea de la red de canales que conforman Neu Venedig, pero si dispones de un poco más de tiempo (o de un pequeño barco a motor), no dudes en explorar los alrededores, más salvajes, cerca del Gosener Kanal, al sureste de Neu Venedig.

NEU-VENEDIG MÜGGELSEEFISCHEREI – DORFSTRASSE 13, 12589 BERLIN (KÖPENICK)	KAYAKS KANUVERLEIH-BERLIN.DE
SÁB – DOM (abril a octubre): 10:00 / 18:00	030 50560758	kanuverleih-Berlin.de

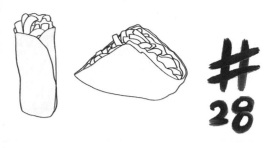

EL MEJOR KEBAB
DE BERLÍN

A veces no tenemos tiempo o ganas de quedarnos largo rato en un restaurante, sin embargo, sí tenemos ganas de comer bien. La buena noticia es que en Berlín se puede. Entre las innumerables opciones de döner kebab que hay, una de las mejores es sin duda Mustafa's Gesmüse Kebab, al oeste de Kreuzberg.

Pan crujiente, opción vegana disponible, deliciosas verduras a la parrilla... todo es perfecto, incluso los horarios: hasta las 2 de la mañana durante la semana y hasta las 5 los fines de semana.

El único problema de Mustafa es que no es un lugar secreto: las filas son a veces largas (¡más de 30-40 minutos!), sobre todo a la hora de comer o hacia las 18 h.

Otros sitios buenos: Rüyam Gemüse Kebab (gemüse significa verduras en alemán) y NUR Gemüse Kepap. Importante: algunos de los sitios conocidos y/o históricos están, en nuestra opinión, demasiado sobrevalorados.

No te fíes siempre de la larga cola.

MUSTAFA'S GEMÜSE KEBAB MEHRINGDAMM 32, 10961 BERLIN (KREUZBERG) €	RÜYAM GEMÜSE KEBAB HAUPTSTRASSE 133, 10827 BERLIN (SCHÖNEBERG) €	NUR GEMÜSE KEBAP HERMANNSTRASSE 113, 12051 BERLIN (NEUKÖLLN) €
LUN – VIE: 10:00 / 02:00 SÁB – DOM: 11:00 / 05:00 U6 y U7 (Mehringdamm)	TODOS LOS DÍAS: 11:00 / medianoche S1, S2, S26 (Julius-Leber-Brücke) U7 (Kleistpark)	TODOS LOS DÍAS: 10:00 / 02:00 U8, S42, S45, S46 (Hermannstraße)

EL JAZZ
COMO EN
NUEVA ORLEANS

En un magnífico entorno de los años 1900, el Yorckschlösschen es una joya de club de jazz. Desconocido incluso para muchos berlineses, disfrutarás seguramente de una excelente velada en un ambiente que recuerda a los mejores clubes de jazz de Nueva Orleans... y hasta los supera porque el Yorckschlösschen no es nada turístico.

Elige la sala principal, frente a los músicos.

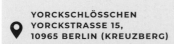

YORCKSCHLÖSSCHEN
YORCKSTRASSE 15,
10965 BERLIN (KREUZBERG)

€

| Música de jueves a domingo noche aproximadamente de 20:00 a 22:30 | Altamente recomendable reservar yorckschloesschen.de | U6, U7 (Mehringdamm) |

SEGUIR LA PISTA
DE LAS CURIOSIDADES
URBANÍSTICAS
DE BERLÍN

Un metro que entra en un edificio, una tubería rosa gigante de 20 metros de alto, un edificio sobre un búnker, una autopista que atraviesa un edificio... Mini resumen de algunas rarezas arquitectónicas en Berlín.

> Un ovni arquitectónico

Con sus 35 metros de alto, ubicado en la linde del parque de Tiergarten, el edificio de la UT2 parece un híbrido entre una tubería gigante rosa y un buque portacontenedores encallado. Aunque para muchos berlineses es un enigma, en realidad es un centro de investigación de ingeniería hidráulica.

 EDIFICIO DE LA UT2
MÜLLER-BRESLAU-STRASSE 15,
10623 BERLIN (TIERGARTEN)

Apertura en las Jornadas del Patrimonio o previa petición: dms.tu-berlin.de/menue/versuchseinrichtungen/ umlauftank_ut2	S3, S5, S7, S9 (Tiergarten)

> Un edificio sobre un búnker

▼

Construido en 1944-1945, el Hochbunker Pallasstrasse nunca pudo ser destruido tras la guerra debido a los edificios de viviendas que tiene al lado. Solución: construyeron sobre el búnker. Espectacular.

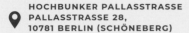

HOCHBUNKER PALLASSTRASSE
PALLASSTRASSE 28,
10781 BERLIN (SCHÖNEBERG)

No se puede visitar	U2 (Bülowstraße)

> Una autopista que atraviesa un inmueble

Construido en 1980, el Schlange (la serpiente), de 600 metros de largo, tiene la extraordinaria particularidad de ser uno de los dos únicos edificios del mundo que un trozo de autopista atraviesa de par en par. El aislamiento se ha hecho con tanto cuidado que los 3500 vecinos del edificio solo escuchan del tráfico un ligero "toc, toc, toc" en el corazón del inmueble. Si quieres una vista impresionante del lugar donde la autopista entra literalmente en el edificio, lo ideal es que te coloques al sur del inmueble. El otro edificio con estas características, el Gate Tower Building, está en Osaka, Japón.

EDIFICIO-TÚNEL DE LA AUTOPISTA A104
SCHLANGENBADER STRASSE 18,
10585 BERLIN (WILMERSDORF)

U3 (Rüdesheimer-Platz)

> Un metro que entra en un edificio

La casa de Dennewitzstraße 2 es una verdadera curiosidad: este viejo edificio es tal vez el único en el mundo que un metro atraviesa. Esta rareza data de los años 1920, cuando decidieron que el metro pasara a través de los muros de este inmueble. Una solución más económica que destruirlo.

DENNEWITZSTRASSE 2,
10785 BERLIN (KREUZBERG/SCHÖNEBERG)

U1, U2, U3 (Gleisdreieck)

En la colección *Soul of*,
nunca os desvelamos el lugar 31 porque es
demasiado confidencial. Te toca a ti encontrarlo.

UNA POSADA
ATEMPORAL

Este restaurante lo vale. Pista: al oeste de Charlottenburg, en el extremo suroeste del agradable lago de Lietzensee, Google Maps se pierde por completo. Sigue mejor estas indicaciones: en la curva de la Dernburgstrasse hay una calle, (sin nombre para Google Maps) baja un poco por ella, hacia el sur. Unos segundos después, hay un cartel blanco con letras verdes (que también se ve de lejos desde la Dernburgstrasse). Debajo, hay un portón que parece cerrado. Ábrelo y cuélate en la mágica red de senderos de tierra que atraviesan los huertos comunitarios (Kleingärten), tan típicos de Berlín. La mayoría de estos jardines, como los de aquí, se crearon a lo largo de las vías del ferrocarril.

 SEGUIR LAS INDICACIONES

VIE – SÁB – DOM: 13:00 / 19:00 (21:00 el sábado)

S-Bahn Messe Nord
o U2 Sophie-Charlotte Platz
luego 10-15 minutos andando

A partir de aquí, el resto depende de ti: te quedan cinco minutos andando (y un mini túnel) para llegar a este mesón rural que está apartado, mucho, de las modas y del qué dirán. Literalmente fuera del tiempo.

La terraza da a la naturaleza y a los pequeños jardines, y también a las vías del ferrocarril, lo que le confiere cierto encanto que puede no gustar a todos por el paso constante de los trenes del S-Bahn. Contrariamente a lo que uno se puede esperar de un sitio como este, la cocina, casera, está muy buena.

Después de comer, es muy recomendable seguir paseando hasta el otro lado de la vía férrea para descubrir la enorme red de huertos comunitarios (se entra por otro pequeño túnel que está justo después de la entrada principal) que completa la anterior.

GRACIAS A

ROMAINE JONGLEZ, por haberme acompañado a lo largo de todo el proceso.

LOUIS JONGLEZ, por haberme seguido con la bici a muchos lugares insólitos y haber sido mi compañero de *ping-pong* en los sitios más recónditos de Berlín.

REBECCA GIRARDI, por su valiosísima ayuda en todos los temas, elección de los lugares, fotos, etc.

FANY PÉCHIODAT, por el maravilloso concepto de esta colección.

SIRAI BUCARELLI, por plasmar el alma de Berlín en sus ilustraciones.

KARIM BEN KHALIFA, por la portada.

Y a todos los que me han ayudado o acompañado en distintos momentos, incluso sin saberlo:
Jürgen Bangmeister, Jacopo Barbarigo, Andrea Bauer, Tinko Czetwertynski, Stéphane Decaux, Uwe Fabich, Mia Ganda, Jacques Garance, Daniel Gerlach, Alexandre Guérin, Dennis Guggenheim, Christina Haufe, Katharina Heim, Daniel Heer, Nicola Henning, Shino Kobayashi, Pauline Loeb, Frédéric Lucas, Raimon Marquardt, Tom y Nadine Michelberger, Vincent Moon, Vadim Otto Ursus Henselder, Luca-Eliza Pretz, Jens Riedel, Steffen Roth, Manuel Roy, Maxime Rovère, Bertrand Saint Guilhem, Mathieu Saura, Géraldine Schwarz, Michael Schöneberger, Tamara Siedentopf, Hemma Thaler, Nicolas Van Beek, Nic Warner, Dylan Watson-Brawn, Kerry Westhead, Carsten Zeiler, Lilith Zinc, Felix, Jan y Gabrielle.

Este libro ha visto la luz gracias a:
Thomas Jonglez, también editor de la guía *Secret Berlin*
Rebecca Girardi, producción
Sirai Bucarelli, ilustradora
Karim Ben Khalifa, foto de portada
Aurélie Saint-Martin, diseño de la maqueta
Emmanuelle Willard Toulemonde, maquetación
Patricia Peyrelongue, traducción
Anahí Fernández Lencina, corrección de estilo
Lourdes Pozo, revisión de estilo
Clémence Mathé, edición

Escríbenos a contact@soul-of-cities.com
Síguenos en Instagram @soul_of_guides

GRACIAS

En la misma colección

Soul of Atenas

Soul of Barcelona

Soul of Kioto

Soul of Lisbon

Soul of Los Angeles

Soul of Marrakech

Soul of Nueva York

Soul of Roma

Soul of Tokyo

Soul of Venecia

© JONGLEZ 2022
Depósito legal: Mayo 2022 - Edición: 01
ISBN: 978-2-36195-395-9
Impreso en Slovaquia por Polygraf